Maria De Michele

L'auriga e la cacciatrice

(diari 2013-2016)

Youcanprint*Self-Publishing*

L'auriga e la cacciatrice
© 2018 - Maria De Michele

ISBN | 978-88-27852-32-3

Youcanprint Self-Publishing
Via Marco Biagi 6, 73100 Lecce
www.youcanprint.it
info@youcanprint.it

Premessa

… Una raccolta di PENSIERI e POESIE intessute d'Umanità, Bellezza, Amore, Emozioni… la cui grandezza sta nelle parole che vedono nelle tenebre, squarciano l'oscuro senso delle nostre emozioni, illuminano la strada e danno senso alla vita.

"Ogni giorno mi sorprendo…"

Il talento dell'autrice è "linfa vitale" che vive nella consapevolezza di essere protagonista attiva di una STORIA… che è la VITA: "l'immagine mobile dell'Eternità", coscienza soggettiva che si espande all'infinito, ove le categorie dell'Assoluto e dell'Eterno si incontrano e raccontano il Relativo e il Contingente.

La vita è: "Un sogno… L'Ultimo atto di una banale commedia… Un dono… Un viaggio" … ove l'Anima diviene per l'autrice "la potenza di insieme", il RESPIRO dell'Esserci, la FORZA della "nostra" UNICITA'.

Dalla natura ben dipinta con i suoi aspetti, colori, profumi… ai sentimenti senza tempo che definiscono la vita: la Fragilità dell'essere umano, il Destino, la Bellezza, il Mistero, la Sapienza Divina, la Fortuna, l'Amore… ma anche: la Crudeltà, l'Egoismo, l'Indifferenza, la Delusione, il Tradimento, la Solitudine, la Trasgressione, l'Ignoranza, la Presunzione… LUCI ed OMBRE del vivere umano, MISTERO e CERTEZZA"racchiuso in un respiro: IL TEMPO".

"In punta di cuore", l'autrice veicola una meravigliosa LUCE di Arte e Poesia: una luce che è fiamma di "emozioni condivise": sentimenti, valori, palpiti… che vivono in queste pagine, si staccano dal libro fino a catturare l'anima.

La METAFORA della vita, oserei dire, espressa dalla forza innata, travolgente della PAROLA: quella parola che "veste" sentimenti, emozioni, stati d'animo… scava nell'animo di ognuno, fino all'abisso o verità più profonde, per cogliere l'essenza del nostro vivere e "continuerò a volare per l'ebbrezza di osare"… sembra di camminare dentro i Pensieri e le Sfumature dell'Anima, di muoversi tra "un battito di ali e un ruggito di leoni".

Grazie all'autrice per "QUESTA" Magica Opportunità: L'Elogio della vita, da coltivare con cura e riconquistare nella sua singolare bellezza, per vivere meglio il domani, approfondire il senso dell'umanità, trovare le ragioni dell'Essere, affinché la vita sia "l'Eternità che si contempla allo specchio".

Maria Carmela Stigliano

26/12/2012

Dispiegherò le ali come falco artigliato al tuo braccio.
Potenza di presa, acutezza di vista, audacia d'assalto.
Continuerò a volare per l'ebbrezza di osare o, forse,
l'innato timore porterà il mio volo a planare? Sparvieri
e colombe fendono l'aria, l'uomo può solo guardare.

03/01/2013

Un casuale viaggio e i compagni che cambiano ad ogni
fermata, mentre il cuore si frantuma e poi continua a
battere...

Nell'eterno vagare tra verdi pascoli, deserti di sabbia,
vette innevate e mari in tempesta, ogni cosa, seppur
maestosa, rimpicciolisce e scompare allo sguardo. E
noi, microscopici grumi resi vivi da un soffio divino,
torneremo ad essere polvere portata via dal vento, ine-
sorabilmente.

06/01/2013

È dolce e possente quel sentimento antico che penetra l'animo e fa parlare il cuore. Tenere parole, tradotte in note, compongono melodiose canzoni.

Narrano di favole, belle perché hanno un lieto fine...e ascoltarle è credere in un destino migliore.

12/01/2013

Luci, musiche, colori... ogni giorno mi sorprende. Guardo, ascolto, parlo, rido, cammino, cado, mi rialzo, cerco disegni nelle nuvole...

Ogni giorno mi sorprendo.

15/01/2013

Che dire dell'Auriga dispensatore di luce e della Cacciatrice guida nella notte?

Padroni del destino umano o soltanto spettatori distratti di una partita da altri giocata?

Non so.

E non ci accorgiamo che la loro alternanza, naturale solo in apparenza, è un percorso segnato tra l'inizio e la fine.

17/01/2013

Sono solo parole tramutate in fumo, volute che s'innalzano per poi scomparire. Spirali inafferrabili d'inganni colpevoli e inutili bugie. Promesse strappate a bocche spergiure, umilianti e vili. Apparteniamo a un genere superiore che si macchia di delitti estranei alla natura degli altri, per diventare, così, inferiore a loro.

19/02/2013

Ascolta... si avvicina... è il grido dell'aquila, il pianto della rondine, l'ultimo gemito del timido capriolo che, a morte, hanno ferito.

Ad aste e sassi, l'uomo ha sostituito l'acciaio e da sempre caccia. Cattura e uccide non per bisogno, ma spinto solo da mera crudeltà.

06/03/2013

Gli alberi, splendidi alla luce, mutano di notte. Illuminati dai fari di macchine in corsa, appaiono come spettri pronti a ghermire ogni inerme creatura. Li osservo nelle immote, lunghe sere piovose: giganti dalle braccia tese contro il vento che li sferza, persi nella nebbia...

Di loro non ho paura.

09/03/2013

Soggiogati dall'egoismo, assuefatti all'indifferenza, apparteniamo al freddo mondo del silenzio. Ma una sola scintilla caduta dal cielo riuscirà a scuoterci dal torpore. Guarderemo la chiocciola arrampicarsi sul muro, ascolteremo il richiamo dei sacri guardiani dei boschi, il canto degli uccelli, lo scorrere dei ruscelli... ci stupiremo. E, forse, allora ritroveremo il senso della vera esistenza.

13/03/2013

Oh, guarda che luna!

Sfacciatamente rossa, impudicamente nuda, sfiora le onde, ma non si tuffa.

Aspetta... che arrivi e getti la rete. Allora scosterà le nubi per guardarlo, sorprenderlo, turbarlo. Lentamente, lascerà che l'acqua gli lambisca i fianchi... si avvicinerà piano, catturandolo con sguardi languidi, per scomparire inabissandosi.

14/03/2013

Spavaldi, usano le ore come spiccioli a cui dare poca importanza. Sommano mesi, aggiungono anni senza conoscere pietà o alcun gesto d'amore. Di loro non resterà ricordo né traccia: la nera pietra non avrà nome.

Ho guardato con più attenzione il suo ufficio: uno stanzino delimitato da due fogli di compensato, con una scrivania, due sedie, un attaccapanni e un mobiletto per conservare le pratiche. Non avevo mai fatto caso a quanto è angusto: un angolo di una stanza, ricavato tra un altro bugigattolo e il resto del poco spazio in cui ci sono la cassaforte, due scrivanie e gli sportelli per i clienti.

Un buco in cui un essere umano trascorre tutta la vita a contare i soldi degli altri.

24/03/2013

Il vento oggi viene da lontano e scuote i rami. Urla la sua rabbia, trascina foglie, solleva sabbia.

Ricorda umiliazioni e tradimenti ricevuti in cambio d'amore e di veri, profondi sentimenti.

Hai perdonato chi ti ha offeso, condannato e chi ti ha rinnegato.

Umiliati, derisi, traditi, scacciati... con Te siamo rinati.

26/03/2013

Con la sabbia dorata e lunghe ore di luce, mi tenta. Resto chiusa in un guscio caldo, mentre fuori il mondo s'imbianca.

Non riprendo a volare al dischiudersi delle prime corolle. Ho timore di vederle portare via dal freddo con rinnovato vigore.

Esco dal bozzolo di seta frusciante per osservare le rosse foglie ancora sui rami, prima che cadano ai piedi dell'albero.

Ascolto la melodia accompagnare le gocce all'imbrunire.

Ma è poi così dolce il profumo di quell'ora della sera che prelude alla notte?

10/04/2013

Cantavamo in piazza e buffe marionette recitavano sul palco.

Magica sera d'estate... e la musica cessò quando entrò in scena un forestiero.

In veste di profeta catturò l'attenzione della gente, ma lo sguardo era ostile e il tono prepotente.

Mi allontanai in fretta, percependo il Male latente.

È l'istinto a guidarmi in ogni occasione, devo solo seguirlo per non cadere in errore.

17/04/2013

Con modi accattivanti e false lusinghe accende i desideri e, a chi le si avvicina, ruba sogni e pensieri senza dar nulla in cambio.

Il suo nome è Sehnsucht ed è felice soltanto chi non le crede.

19/04/2013

Se la vita è sogno, cosa considerare realtà e dove cercare la verità?

La troveremo altrove, forse... chissà...

Certo non qui, in questa terra, regno di sola assurdità.

23/04/2013

Vorrei fossero i giorni dell'*alzati e cammina,*

ma giaccio ancora a letto, in attesa che l'alba si avvicini.

25/04/2013

T'immagino vestito di chiaro lino e cuoio fendere la folla, distendere le braccia e affacciarti sul Creato.

Astri e pianeti sono ancora nell'ordine dei cicli perenni a loro assegnati.

I soli al riparo dalla distruzione causata dall'uomo per piegare la terra al suo volere indiscriminato. In duemila anni nulla è cambiato.

Ma chi senza conoscerti ti ha onorato, verrà via con Te lasciando agli altri il rimpianto di non averti amato.

08/05/2013

È difficile camminare sull'orlo di un baratro e riuscire a non cadere.

A volte rincorriamo pensieri innocenti a cui si sovrappongono immagini, retaggio di un antico male che si sveglia all'improvviso. E la mente sembra perdersi, risucchiata vorticosamente, quasi foglia trascinata da una piena.

Guardasti nello specchio e inorridisti, Tommaso lo ricorda e ce lo dice.

Oh, sapienza divina!

Cosa vedesti, cosa scorgesti?

Spesso ci perdiamo, misere creature, prive come siamo della forza di fermarci.

09/05/2013

Popoliamo un universo periferico dove i treni sfreccia-
no, per colmare la distanza tra una stazione e l'altra,
senza rallentare.

E noi, viaggiatori impazziti, nell'illusoria speranza di
fermarli, corriamo inutilmente tra i binari.

L'Auriga guida il cocchio, ammiccando.

La Cacciatrice riempie il carniere, fischiettando.

13/05/2013

Dimentico la rosa sfiorita e il crisantemo appassito sul-
lo stelo. Guardo il rosso papavero splendente come
fuoco ai bordi di viottoli e stradine.

Il grano è macinato e il pane si consuma tutto l'anno, in
un ritorno di giorni sempre uguali.

Nel nostro mondo, di mutevole e vario c'è soltanto l'a-
spetto delle cose.

19/05/2013

Schegge taglienti di una sfera scagliata e caduta per caso nel nulla. Sparse, si sono ritrovate diverse ed estranee per poi congiungersi spinte da una forza sconosciuta.

Chi ha lanciato la sfera fuori dal lussureggiante giardino, tramutando i cocci in malvage creature?

È un mistero che implica il perché, come e quando ci siamo distaccati dall'originaria armonia con la natura, persa irrimediabilmente.

10/06/2013

Oggi sono piena d'impegni: devo ricordare al Presidente di dare lavoro ai disoccupati, al Vescovo di procurare cibo per gli sfollati, al Sindaco alloggi per i senzatetto, al Direttore dell'ospedale i letti, almeno per gli ammalati che sono stati operati.

E ai Poeti e agli Scrittori di non montarsi la testa, solo perché l'inchiostro è schizzato sulla pagina e ha imbrattato la carta...

Ho fretta, devo andare, ho tanto lavoro da sbrigare!...
Ma come farò ad uscire di casa, se non riesco a trovare il calzino che mi è caduto sotto il letto?

13/06/2013

Si narra di una sfida lanciata dal superbo signore delle ombre al Creatore dell'universo.

Una guerra iniziata all'origine dei tempi, entro cui gli umani restarono per sempre intrappolati.

Sembrerebbe naturale preferire lo splendore della calda luce, ma spesso è il lato oscuro delle cose ad attrarre.

E ancora oggi non si sa chi vincerà.

L'Auriga prosegue nella folle corsa, mentre la Cacciatrice si nasconde.

08/07/2013

Stretti in una rete, resa impenetrabile da pulsioni negative emanate dal nostro essere imperfetto, fummo e siamo *homo homini lupus*.

Relegati al confine del Creato, non sappiamo quanto vi rimarremo.

12/07/2013

Lunghe chiome sparse a ricoprire membra levigate e perfette. Da ogni uomo sempre attesa e desiderata, stringe tra le braccia la cornucopia cinta di fiori, ricca di doni.

Causa oscura alla ragione, la Fortuna è frutto di coincidenza o di previdente intelligenza?

27/07/2013

Sconosciuta fanciulla del passato, remota al mio pensiero se non per il vissuto tramandato dalla storia.

Innocenza e leggiadria ti fecero vittima del sentimento che assale, rapisce e distrugge il cuore, ma è chiamato pur sempre "amore".

21/09/2013

Vorrei assopirmi tra verdi steli e corolle, dimora di farfalle. Svegliarmi col vento e sentire il mare dentro una conchiglia.

05/10/2013

Nulla è più monotono di una goccia d'acqua che cade in un bacile.

Toc... toc... toc...

tre colpi alla porta, mi tiro il piumino sulla testa e torno a dormire.

09/10/2013

L'ombra che vedo sul muro non so se sia mia o tua.

A volte ne appaiono due, poi si sovrappongono, proiezione di un legame indissolubile, quasi fusione in un'unica creatura.

20/10/2013

Oscuratemi il sole, seguirò la strada tracciata dalle stelle. Nuvole amiche, voglio ascoltare la pioggia e vederla dissetare l'erba inaridita! Domani il deserto: non più verdi prati né immense foreste, ma arsura e sete. La terra della vite e dell'ulivo vivrà, ma solo nel ricordo...
Mentre gli aranci fioriranno in Groenlandia.

10/11/2013

Dalla finestra osservo gli alberi in autunno: le ultime foglie cadono per terra. Da verdi e in fiore a grigi e spogli, i rami scheletriti rivolgono al cielo il loro pianto.

Ma le nuvole vagano distratte e il vento non ascolta. In solitudine affronteranno l'inverno.

20/11/2013

Esprimo emozioni e traduco sensazioni in parole che, come palle di gomma lanciate contro un muro, in un gioco crudele tornano indietro colpendomi il viso.

Devo forse tacere per non farmi male?

07/12/2013

Per alcuni di noi, la vita è un viaggio in bilico sul predellino di un tram affollato.

Per un sobbalzo o una brusca frenata si può cadere.

E, ad ogni fermata, un nuovo viaggiatore può costringerci a scendere o schiacciarci col suo peso.

31/12/2013

Oggi non guardo cadere la pioggia da dietro i vetri di una finestra.

Riparata da un ombrello, cammino lentamente. L'acqua riempie i fossi e rende lucide le panche di pietra. Giove Pluvio protegge quest'angolo di mondo, ma non v'è luogo alcuno sulla terra in cui nascere sia più facile che morire.

02/03/2014

È superficialità quella dell'uomo che bisbiglia sciocchezze, ride e fa crocchio, nell'attesa di dare l'estremo saluto all'amico? O invece è saggezza reputare poco importante l'ultimo atto di una banale commedia qual è, in fondo, la vita?

5-6/03/2014

L'ortensia ha nuove foglie verdi, lucenti. Il cactus è fiorito: un generoso atto d'amore.

Ieri la pioggia intensa sembrava risucchiare l'ossigeno dall'aria, rendendo difficile il solo respirare.

L'oscurità era opprimente. La natura ha il suo ciclo: si nasce, si muore. Anche sotto la pioggia, anche se c'è il sole.

04/04/2014

Le giornate sarebbero piene di sbadigli e la vita un continuo sonnecchiare, se sporadici lampi non illuminassero il tedio quotidiano. Ah, tornare bambini, per avere solo il compito di giocare e sognare!

02/06/2014

Un dono è tale se non si deve pagare, pregare, soffrire per averlo, lottare per proteggerlo.

E se non viene tolto inspiegabilmente.

La cacciatrice ha scoccato un dardo estratto dal turcasso.

La vita è un dono?

12/07/2014

Solo in alcuni momenti si è partecipi della propria entità.

Ignari del divino soffio vitale, veniamo improvvisamente strappati da uno stato di equilibrio apparente, fondato su una precaria stabilità, da una forza superiore.

Tutto ci appare chiaro in quell'attimo folgorante, nulla si frappone tra noi e l'immensurabile e ci saziamo di eternità.

05/12/2014

Tra il punto A e il punto B passa una retta, trascorre la vita.

26/12/2014

Ha freddo l'Angelo sceso dal cielo per seguire il suo Dio.

Con le ali chiuse e il capo chino, va alla ricerca del calore che colmi il vuoto del cuore.

05/02/2015

Odio il silenzio, quando non è raccoglimento o preludio al riposo, ma privazione dell'ascolto del suono.

Chi tace, spesso lo fa soltanto perché non ha nulla da dire.

16/02/2015

Mangiare porcheria, significa diventare porcheria.

Pensare male, significa produrre male.

Vestire in modo pacchiano, significa mostrare agli altri ciò che si è.

22/03/2015

La cattiveria si manifesta maggiormente quando un individuo ha il potere di decidere per gli altri.

Ho conosciuto cattivi medici e pessimi insegnanti.

Ho saputo di giudici corrotti e di genitori crudeli, indegni di questo nome.

Si dovrebbe poter decidere sempre da soli.

05/04/2015

S. Pasqua

Nel giorno in cui si festeggia la vittoria sulla morte, dovremmo essere tutti più sereni e felici.

06/04/2015

Si sente la necessità di stare in compagnia, ma non si prova mai a fare il primo passo che ci avvicini agli altri.

13/05/2015

È sempre questione di abiti: che vorremmo togliere e dobbiamo indossare, che vanno stretti e non possiamo cambiare, cercando inutilmente di dimenticare quelli con cui siamo nati.

19/05/2015

Ci si può sentire soli tra tanta gente, ma in allegra compagnia portando a spasso il proprio cane.

20/05/2015

Si può essere eleganti anche se l'abito non è all'ultima moda e le scarpe hanno visto giorni migliori, ma fa sempre ridere chi ostenta e si pavoneggia.

05/06/2015

In una coppia non esiste parità di forza. Il più debole vive un'esistenza di riflesso che serve all'altro per trascorrere una vita piena e soddisfacente.

14/06/2015

Considero tutti amici, finché lo sono.

22/06/2015

Riesco ad imparare anche dai bambini e mi sento libera.

04/07/2015

Ai piedi dell'albero dell'Imposizione nasce l'erba della Trasgressione.

03/09/2015

Condividere con qualcuno esperienze a livello profondo è quanto di meglio possa accaderci.

17/09/2015

Ho sperimentato la vera amicizia tre volte e mi reputo fortunata.

20/12/2015

Non ci accorgiamo di trascorrere la maggior parte del tempo cercando di risolvere problemi inesistenti.

29/01/2016

Ho incominciato a guardare le cose dal verso giusto quando ho capito che gli altri sono normali ed io no.

08/03/2016

La festa dell'otto marzo è la più stupida che ci sia. Se si ricordasse la tragedia delle operaie che morirono in fabbrica avrebbe un senso, ma gozzovigliare e fare spogliarelli per affermare la libertà femminile è volgare.

Il rispetto lo si ottiene svolgendo bene il proprio lavoro, compiendo il proprio dovere e lasciando le chiacchiere agli sciocchi.

13/03/2016

La bellezza è in ogni cosa, basta saperla cogliere ed è ciò che riescono a fare gli artisti con le parole, la musica e i colori.

02/04/2016

Rabbrividendo ho pensato che non c'è più Dio, perché tutti credono di esserlo.

15/04/2016

Sono una donna "chiocciola" perché in una borsa mi trascino dietro la casa.

26/04/2016

Di notte, da sola, ho cucito un vestito solo per me.

12/05/2016

Quando i figli se ne vanno, resta il cane.

19/05/2016

Mese ventoso, fresco, piovoso. Per strada noto giacche imbottite e sciarpe, come non mi era mai successo. Forse, qualcuno ha capito che è la temperatura ad obbligarci a vestirci o a spogliarci, non la data segnata sul calendario.

22/05/2016

Sono una pessimista che non vorrebbe esserlo, ma che purtroppo si scontra con la realtà. Che fare?

Le persone risultano insulse e noiose, quando non sono maligne, invidiose, subdole, egoiste e opportuniste.

Gran parte degli esseri viventi è formata da individui sciocchi, il cui unico desiderio è quello di essere al centro dell'attenzione; ci sono poi gli sgarbati, i rozzi e gl'ignoranti molto presuntuosi. Ignoranza e presunzione riportano l'individuo all'epoca delle caverne.

27/05/2016

Nasciamo per riprodurci: con i figli e con le idee, parto non frenato da limiti d'età.

28/05/2016

Bisognerebbe capire che solo pochi predestinati fanno le rivoluzioni, tutti gli altri ne godono i benefici o ne subiscono le conseguenze.

13/06/2016

Non so più cosa provo per te. Non riesco a concludere nulla e oggi non ho neanche pranzato. Mi guardi, ma sei freddo, muto, indifferente.

Non ho mai preteso molto: qualche ora soltanto nell'arco della settimana. Brevi incontri, ricchi d'intensità che mi fa vibrare nell'intimo e mi rende appagata quando ci lasciamo. Non desidero un rapporto assiduo, non l'ho mai nascosto, perché, anche se le tue prestazioni sono entusiasmanti, non volevo diventarne schiava.

Un giorno, forse quando ne avrei avuto più bisogno, non ci saresti stato, pensavo, e quel giorno è arrivato.

Sono andata in bagno a rinfrescarmi, sto per andarmene, ma nel passare davanti alla tua camera sento un rumore. Incuriosita, spingo la porta rimasta socchiusa e resto allibita. Mi guardi ammiccante, sei ritornato in piena forma e mi chiedi scusa, mi incoraggi ad avvicinarmi, mi fai capire che possiamo riprovarci...

Faccio un passo indietro, richiudo lentamente la porta mentre ti guardo lampeggiare...

Eh, no caro mio, sono veramente stanca di lavorare! Andrò a riposarmi al mare!

29/07/2016

Se apri il tuo cuore, devi considerare la possibilità che te lo rubino.

25/08/2016

L'ineluttabilità, l'indecifrabilità, l'essenza, l'eterna presenza e l'inesistenza di qualcosa che si definisce, ma non si può fermare né rallentare, che non ha inizio né fine, ma scandisce la nostra vita sospesa ad un filo, racchiusa in un respiro: il Tempo.

06/09/2016

La soluzione di tutto è sotto i nostri occhi, ma non la vediamo. È questa la nostra condanna peggiore.

24/09/2016

La vita è troppo breve per essere presa sul serio.

04/11/2016

Col passare degli anni ci accorgiamo che si vive di abitudini.

13/11/2016

Ci avete mai pensato? L'uomo, come la madre terra, ha nel profondo un fuoco che lo mantiene in vita. La terra gira intorno al sole, la sua stella. E noi, intorno a chi compiamo la nostra rivoluzione? E qual è la nostra stella?

26/11/2016

Siamo formiche più o meno grandi e attive, ma inermi di fronte alla forza della natura e all'onnipotenza del Creatore.

26/12/2017

Natale è un giorno che passa in fretta, portandosi via auguri di pace e propositi di bontà e fratellanza. Rimangono le speranze della Vigilia, momento importante che dura tutto l'anno.

Maria De Michele è nata a Bari e vive a Policoro (MT). È Presidente dell'Associazione "Achernar", con la quale promuove attività culturali. Tra le altre iniziative, ha istituito e organizza dal 2003 il Premio Letterario "Le Pieridi". Ha pubblicato quattro Volumi di Versi e un libro di Racconti per bambini.

Email: achernar_policoro@yahoo.it

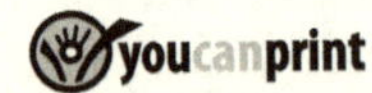

Finito di stampare nel mese di Ottobre 2018
da Andersen S.p.A.
per conto di Youcanprint *Self-Publishing*